8 9 10 12

10 1 2 3 4

1 2 3 4 5 6

3 4 5 6 7 8

6 7 8 9 10

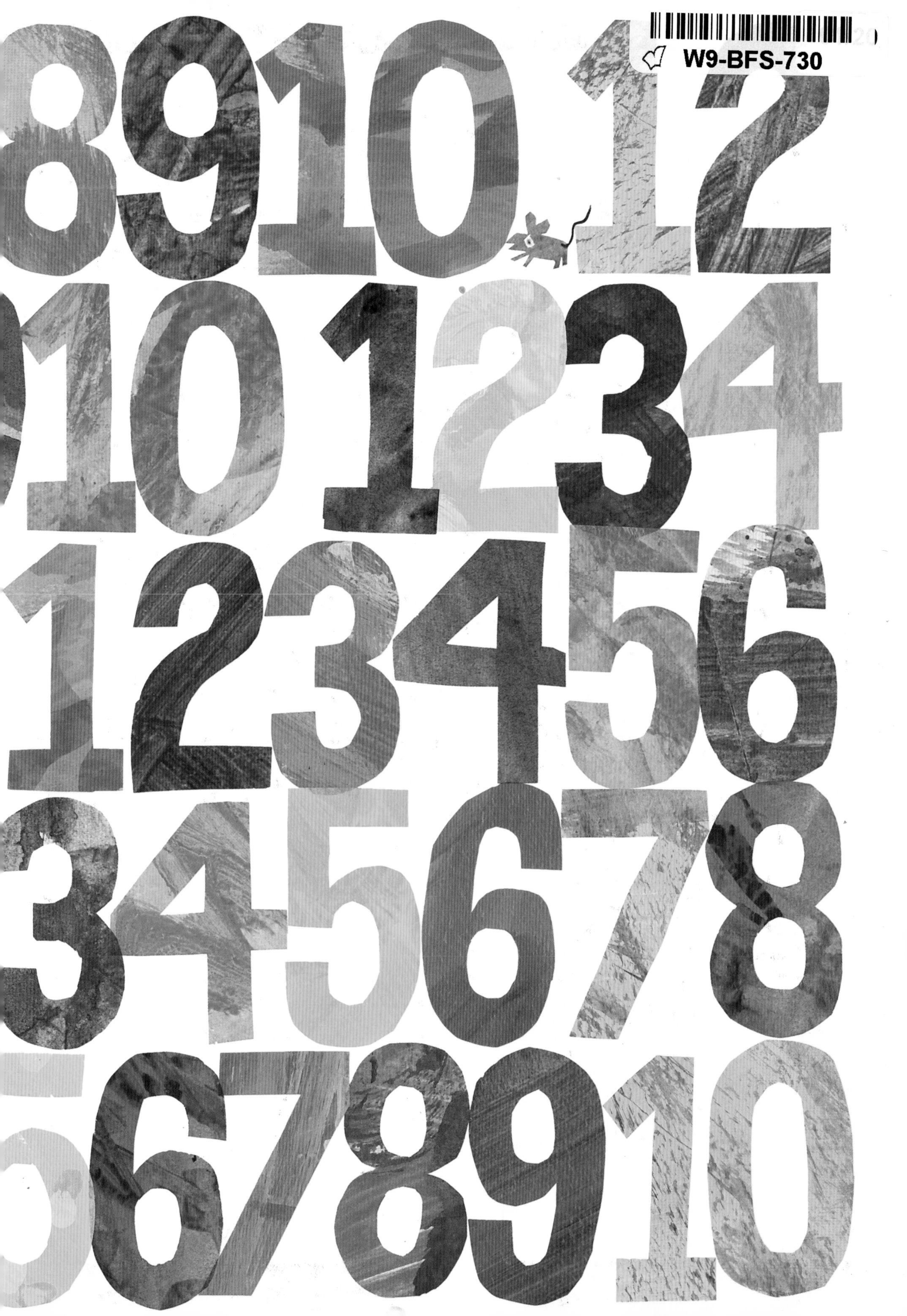

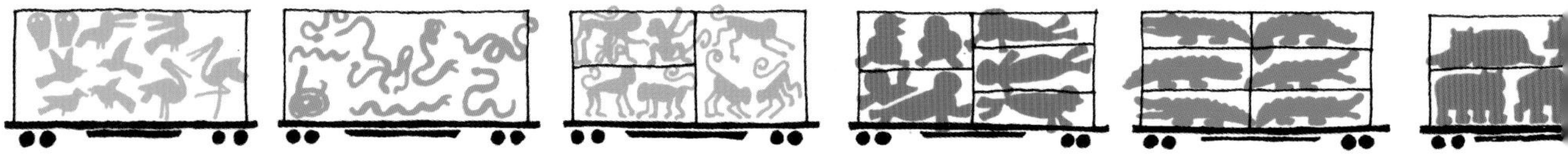

獻給 Cirsten and Rolf

1,2,3 to the zoo

1,2,3 到動物園

文・圖／艾瑞・卡爾
總策畫／張杏如　總編輯／廖瑞文　企畫／劉維中、曾于珊
執行編輯／鄧詠淨　美術編輯／陳香君　生產管理／黃錫麟
發行人／張杏如　出版／上誼文化實業股份有限公司　地址／台北市重慶南路二段75號
電話／(02)23211140（代表號）客戶服務／service@hsin-yi.org.tw　網址／http://www.hsin-yi.org.tw
定價／250元　郵撥／10424361上誼文化實業股份有限公司　2014年3月初版　2019年2月初版七刷
ISBN／978-957-762-554-0　印刷／中華彩色印刷股份有限公司

　讀者服務／信誼・小太陽親子書房 store.kimy.com.tw

1, 2, 3
到動物園

【數數書】

艾瑞・卡爾

上誼

嘟——嘟——匕恰匕恰，火車要出發囉！

上面載了什麼呢？

1

第一節車廂，有**1**隻大象。

2

第二節車廂，有**2**隻河馬。

3

第三節車廂，有**3**隻長頸鹿。

4

第四節車廂，有**4**隻獅子。

5

第五節車廂，有**5**隻熊。

6

第六節車廂，有**6**隻鱷魚。

7

第七節車廂，有**7**隻海獅。

8

第八節車廂，有**8**隻猴子。

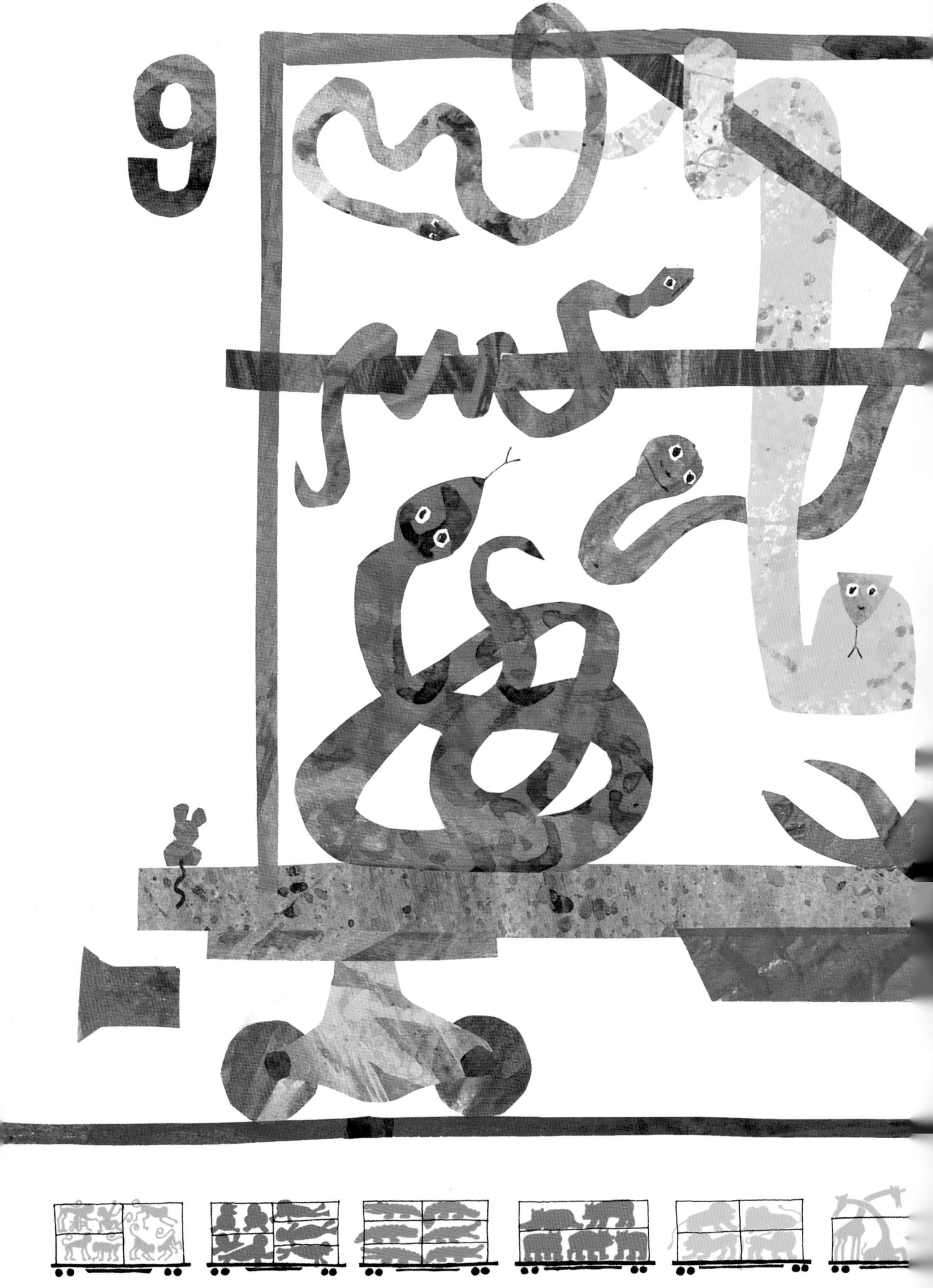
9

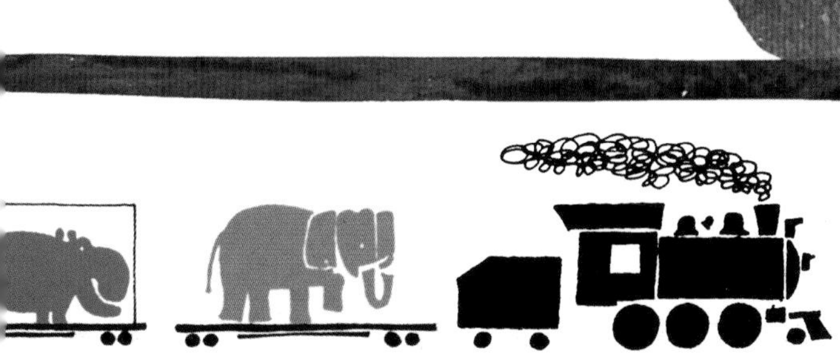

第九節車廂，有**9**條蛇。

10

第十節車廂，
有**10**隻鳥。

你都找到了嗎？

1 隻大象、**2** 隻河馬、**3** 隻長頸鹿、

4 隻獅子、**5** 隻熊、**6** 隻鱷魚、**7** 隻海獅、

8 隻猴子、**9** 條蛇、**10** 隻鳥，

大家都到動物園囉！

1234567
345678
5678910
78910 11
910 123

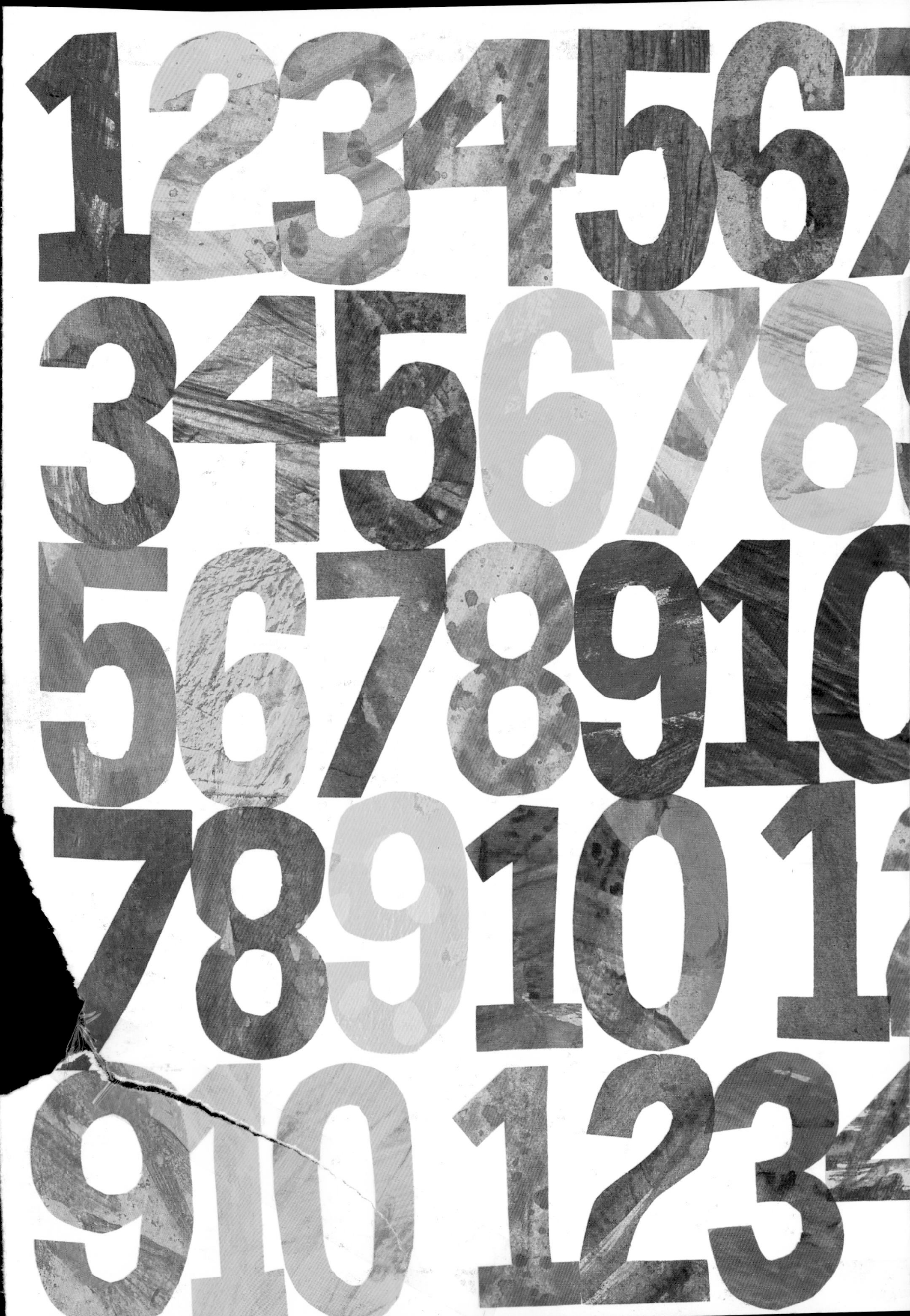